MÉMOIRE

SUR LA

DEMANDE DU GOUVERNEMENT DES ÉTATS-UNIS

POUR

L'EXTRADITION DE EDMUND YARD

PARIS
DUBUISSON & Cie, IMPRIMEUR BREVETÉ
5, RUE COQ-HÉRON, 5.
—
1884

MÉMOIRE

SUR LA

DEMANDE DU GOUVERNEMENT DES ÉTATS-UNIS

POUR

L'EXTRADITION DE EDMUND YARD

PARIS

DUBUISSON & Cⁱᵉ, IMPRIMEUR BREVETÉ

5, RUE COQ-HÉRON, 5

—

1884

MÉMOIRE

SUR LA

DEMANDE DU GOUVERNEMENT DES ÉTATS-UNIS

POUR

L'EXTRADITION DE EDMUND YARD

I

Faits

Le testament de Charles G. Shaw, décédé, nomme sa femme, Sallie Carr Shaw et son frère George W. Shaw, exécuteurs testamentaires. Par un codicille, il désigne limitativement les placements que les exécuteurs pourront faire, soit sur fonds garantis par l'Etat et obligations des Etats du Nord. Il déclare particulièrement que cette disposition n'a pas d'application aux actions de banques qu'il possédait, mais seulement aux biens qui consistaient en marchandises, valeurs de portefeuille, fonds, assurances et actions de chemins de fer.

Il ajoute aussi que pour la solution des questions de placement, les exécuteurs devront s'en rapporter aux lumières de ses amis Edmund Yard et deux autres.

Après le décès du testateur, George W. Shaw n'a pas accepté les fonctions d'exécuteur testamentaire, fonctions qui ne sont pas, d'après la loi de l'Etat de New-York, obligatoires. Sa veuve, accablée par le chagrin, n'a pas pu s'occuper de la liquidation de la succession ; elle n'a donc fait que prêter serment devant la Cour du Surrogate, formalité qui rend l'exécuteur officier de cette Cour, et elle a alors subrogé à ses fonctions d'exécutrice Edmund Yard, la personne désignée par son feu mari comme une des trois dont l'avis devait décider du choix des placements.

Les traductions du testament, du codicille et de l'acte d'après lequel Edmund Yard a été investi des fonctions d'exécuteur testamentaire sont annexées à ce mémoire.

On doit remarquer particulièrement dans ces documents les points suivants :

Le Testament. — 1° Puisque les fils ne devaient toucher toute leur part qu'après avoir atteint l'âge de quarante ans et puisque ces fils venaient d'atteindre leur majorité au moment de la mort du testateur, il incombait à l'exécuteur d'administrer les biens de la succession pendant un délai de vingt ans. Le mandat de l'exécuteur constitua un *trust* qui, d'après les lois de l'État de New-York, impose au *trustee* — celui qui est chargée du *trust* — les devoirs les plus sacrés.

2° L'exécuteur est chargé de la *liquidation* et du *partage* de la succession. Cette fonction de liquidateur, qui n'incombe pas à l'exécuteur testamentaire d'après le code civil français, assimile l'exécuteur testamentaire en Amérique au notaire français.

L'exécuteur testamentaire à New-York est rémunéré pour ses services d'après un taux fixé par la loi.

Codicille. — Le testateur a très nettement déclaré dans les codicilles deux points principaux :

1° Sa confiance en Edmund Yard.

2° Son désir formel que les biens de la succession ne soient plus exposés aux risques de commerce.

L'acte de substitution confère à Edmund Yard tous les pouvoirs, mais en même temps tous les devoirs et toutes les responsabilités d'exécuteur testamentaire.

Il lui donne droit aussi au salaire qui est accordé à l'exécuteur testamentaire par la loi de l'Etat de New-York.

Edmund Yard, en sa qualité de subrogé exécuteur testamentaire, s'est rendu coupable, dans l'exécution de ses fonctions, de nombreux abus de confiance, qualifiés crimes par une disposition expresse de la loi de l'Etat de New-York, et rentrant dans le termes du paragraphe 2 de l'art. 408 du Code pénal.

Les faits incriminés sont les suivants :

Le détournement de dix obligations du 23rd *street Horse Railway*, valeur de $ 11,300, soit 56,500 francs.

Le détournement de *United States Bonds* d'une valeur nominale de $ 60,000, soit 300,000 francs.

Détournements d'espèces de $ 260,000, soit 1,300,000 francs.

La preuve de ces détournements se trouve dans les livres de l'inculpé.

C'est au moment qu'on a exigé de Yard la communication de ses comptes, le 11 août dernier, qu'il a quitté l'Amérique. Il avait promis de produire ces comptes le lundi après la demande. Mais dès le samedi d'avant, il quittait New-York, prenant les précautions nécessaires pour que son nom ne parût pas sur la liste des voyageurs.

L'examen des comptes a révélé des détournements de fonds pour une somme de $ 440,000, soit 2,200,000 de francs.

Frank D. Shaw, avocat au barreau de New-York, ayant appris que Yard se trouvait à Clarens, en Suisse, alla à sa recherche, dans le but de le faire extrader. Il arriva à Clarens le 10 novembre. Mais dès le 9 de ce mois, Yard était déjà parti sans laisser sa nouvelle adresse. Ce départ subit était la conséquence, disait-on à l'hôtel où il était descendu, d'une dépêche. M. Shaw, après de nombreuses démarches réussit enfin à avoir communication de cette dépêche. Elle était ainsi conçue :

New-York, le 8 nov. 1884.

« Des raisons urgentes vous obligent de vous transporter immédiatement à Boulogne-sur-Mer. Ne révélez ni votre itinéraire ni votre destination à personne sauf à Montagne. Attendez mon arrivée. »

Signé : JOHN YARD.

En effet, on a gardé le secret le plus profond sur ce déplacement. Sans cette dépêche, il aurait été impossible de trouver l'inculpé. C'est à Boulogne qu'on l'a fait arrêter. John Yard, son fils, était là, ainsi que l'annonçait la dépêche.

Cette fuite précipitée et clandestine ne laisse aucun doute sur la culpabilité d'Edmund Yard.

II

Les faits incriminés rentrent-ils dans les termes des traités d'extradition conclus entre la France et les États-Unis d'Amérique et actuellement en vigueur?

A. — Étude des traités entre la France et les États-Unis en matière d'extradition.

La demande d'extradition faite par le Gouvernement des États-Unis dans cette espèce a révélé une divergence entre les textes des traités ainsi qu'ils se trouvent imprimés dans les publications officielles des deux pays.

Le Traité de 1858 est rédigé dans le *Bulletin des Lois* comme suit :

« Il est convenu entre les hautes parties contractantes que les
» stipulations des traités entre la France et les États-Unis d'Amé-
» rique, du 9 novembre 1843 et du 24 février 1845, pour l'extra-
» dition mutuelle des criminels, et actuellement en vigueur entre
» les deux Gouvernements, comprendront non seulement les personnes
» accusées des crimes suivants, soit comme principales, accessoires
» ou complices, nommément : de fabriquer ou de passer sciemment
» ou de mettre en circulation de la fausse monnaie ou de faux billets
» de banque ou d'autres papiers ayant cours comme monnaie ; *de*
» *détournement des fonds, monnaie ou propriété de* TOUTE SOCIÉTÉ
» OU CORPORATION *par toute personne employée par elle ou rem-*
» *plissant pour elle un emploi de confiance, quand une telle*

» SOCIETÉ OU CORPORATION *aura été légalement constituée et*
» *que la peine légale pour ces crimes est infamante.*

» En foi de quoi, les plénipotentiaires respectifs ont signé en
» triple le présent article et y ont apposé le sceau de leurs armes.

» Fait à Washington, le 10 février 1858. »

Le même article au contraire est rédigé dans les « *United
States Statutes at large* 1859 » organe officiel aux États-Unis pour
la promulgation des lois et traités, comme suit :

« Il est convenu entre les hautes parties contractantes que les
» stipulations des traités entre les États-Unis d'Amérique et la
» France, du 9 novembre 1843 et du 24 février 1845, pour l'extra-
» dition mutuelle des criminels, et actuellement en vigueur entre
» les deux Gouvernements, comprendront non seulement les personnes
» accusées des crimes qui y sont mentionnés, mais aussi les
» personnes accusées des crimes suivants, soit comme principales,
» accessoires ou complices, nommément : de fabriquer ou de
» passer sciemment ou de mettre en circulation de la fausse
» monnaie ou de faux billets de banque, ou d'autres papiers ayant
» cours comme monnaie, avec intention de faire du tort à toute
» personne ou personnes que ce soit : *détournement par toute per-*
» *sonne ou personnes employées ou salariées, au détriment des*
» *personnes qui les emploient, lorsque ces crimes entraînent une*
» *peine infamante.* »

Cette divergence s'explique ainsi : Le traité a été signé à Paris
conforme au texte publié dans le *Bulletin des lois*; mais ces traités
n'étant exécutoires en Amérique qu'après la ratification par le Sénat,
il a dû être envoyé aux États-Unis pour lui être soumis. Mais le
Sénat a cru devoir modifier le traité en en supprimant la disposition qui n'accorde l'extradition pour abus de confiance qu'au
profit des *Sociétés* ou *Corporations*. Le traité ainsi amendé fut
ratifié par le Sénat, renvoyé au Gouvernement français et accepté par
lui. D'où il résulte que le texte américain est celui qui doit faire
foi entre les parties.

D'après ce texte, l'extradition doit être accordée en cas de
« détournement par toute *personne* ou *personnes* employées ou
» salariées au détriment des personnes qui les emploient, lorsque
» ces crimes entraînent une peine infamante. »

B. — *Règles d'interprétation applicables aux traités d'extradition*

Avant de discuter l'infraction *sub judice*, nous croyons devoir dire un mot au sujet des règles d'interprétation qu'on doit suivre en pareille matière.

Le principe que les lois pénales doivent s'interpréter dans le sens le plus favorable au prévenu, ou que les juges ne doivent jamais faire l'application que d'un texte précis, ne trouve pas d'application en matière d'extradition pour les raisons suivantes :

1° *L'extradition est un acte administratif, non judiciaire.*

Elle est accordée ou d'après une convention ou par l'application du *comitas gentium*. Dans le premier cas, le gouvernement requis se trouve lié par la convention ; dans le second cas, il exerce un pouvoir souverain — eu égard tant aux relations plus ou moins amicales qui peuvent exister entre les deux pays qu'aux règles générales du droit international.

Dans le cas actuel, il existe une convention qui lie les parties.

Dans l'interprétation de ce contrat, on doit chercher l'intention des parties contractantes. On ne se trouve plus en face d'un texte de loi pénale qui, dans le doute, doit être interprété en faveur du prévenu ; mais au contraire on a à interpréter un contrat qui, en constatant l'entente des parties contractantes, met complètement hors de cause le prévenu lui-même.

De plus, on ne doit pas oublier qu'en l'absence de traité, le *comitas gentium* permet, et en certain cas graves oblige le pays requis de livrer au pays requérant le criminel fugitif.

D'après Grotius et Vattel, le pays requis est tenu de juger l'individu réclamé ou de l'extrader (1). Aujourd'hui on accepte, en cette matière, la formule de Wheaton, cité par M. A. Billot (2) :

« L'extradition des individus accusés de crimes contre la paix

---

(1) Grotius : *De jure belli ac pacis*, Cap. xxi, § 4.
Vattel : *Droit des gens*, Liv. II, Ch. vi, § 76.

(2) A. Billot : *Traité de l'Extradition*, p. 33.

et la sécurité générale de la société a lieu de fait, de la part de certains Etats, pour des raisons de convenance et d'utilité générale. »

Les principes ont cédé la place à l'opportunisme, mais sans modifier la règle de droit international ; cette règle impose au pays requis, aujourd'hui comme aux temps de Grotius et de Vattel, l'obligation d'accorder l'extradition au pays requérant, ne fût-ce que dans le but intéressé de pouvoir l'exiger de lui, le cas échéant, à titre de réciprocité.

2° L'énumération insérée dans un traité n'est pas limitative.

Il serait impossible de mieux développer cette thèse que ne l'a fait l'honorable directeur des Affaires étrangères dans son traité sur l'extradition, pages 119 et 120 :

« L'extradition est un acte de souveraineté de la part du gou-
» vernement qui livre l'individu réclamé ; ce gouvernement n'est
» donc pas lié, à ce point de vue, par l'énumération du traité, et
» peut, pour d'autres actes que ceux prévus dans l'énumération,
» ordonner l'arrestation et la remise d'un malfaiteur à la justice
» étrangère. Sans doute, le contrat bi-latéral qu'il a souscrit a
» enchaîné sa souveraineté pour les actes déterminés dans l'énu-
» mération, et il n'est plus libre de refuser l'extradition demandée
» pour un de ces actes ; mais les effets du contrat ne s'étendent
» pas aux infractions qui n'y sont pas prévues. Le gouvernement
» requis reprend alors la plénitude de sa souveraineté, et peut
» statuer comme il l'entend, sur la demande. En principe, l'énumé-
» ration contenue dans un traité n'est donc pas limitative, mais
» simplement énonciative.

» Cependant, par un effet du droit constitutionnel, il arrive le
» plus souvent, dans la pratique, que l'énumération prend un carac-
» tère absolument limitatif. D'après la plupart des constitutions
» modernes, les traités conclus par le pouvoir exécutif doivent,
» avant d'entrer en vigueur, recevoir l'approbation du pouvoir
» législatif. Cette approbation leur donne le caractère rigoureux
» d'une loi, et il n'est plus permis au pouvoir judiciaire ni aux
» agents de l'administration chargés d'en assurer l'exécution, d'en
» étendre la portée par un simple accord avec l'autre pays con-
» tractant. L'énumération devient donc forcément limitative, et il

» faut, pour l'étendre, un nouvel arrangement, soumis, comme le
» traité originaire, à l'approbation du pouvoir législatif.

» La même difficulté n'existe pas dans les rapports de deux
» États placés sous un régime constitutionnel qui donne au pouvoir
» exécutif le droit absolu de conclure des traités d'extradition avec
» les puissances étrangères. Telle était, en France, la situation du
» Chef de l'État, de 1852 à 1870. Dans ce cas, l'énumération n'a rien
» de rigoureux, et peut être étendue, selon les cas, au gré des
» parties contractantes. Lorsqu'il y a lieu à une pareille exten-
» sion, l'accord s'établit d'ordinaire par un simple échange de notes
» diplomatiques, par lesquelles les deux gouvernements s'engagent
» à une complète récriprocité. »

Depuis le jour où ces mots ont été écrits, la loi constitutionnelle
sur les rapports des pouvoirs publics a été votée, le 16 juillet 1875.

L'article 8 de cette loi range les traités en deux classes :

1° Ceux qui « ne sont définitifs qu'après avoir été votées par
» les deux Chambres. »

Ce sont les traités de paix, de commerce, les traités qui
engagent les finances de l'État, ceux qui sont relatifs à l'état des
personnes et au droit de propriété des Français à l'étranger.

2° Les autres qui ne sont pas soumis à la ratification par les
Chambres, mais que la Chambre n'a simplement que le droit de
connaître.

Il est constant que les traités d'extradition, ne se trouvant pas
énumérés parmi ceux qui doivent être votés par les deux Chambres,
se trouvent rangés dans la seconde classe; et cela se comprend.
L'extradition est une mesure de haute police ne donnant pas par sa
nature le temps pour la délibération; en l'absence de traité, elle
relève directement de l'exécutif; c'est un exercice du pouvoir souverain
qui se trouve analogue à ceux qui sont reconnus à l'exécutif par
l'article 3 de la loi organique du 25 février 1875.

Du reste, la Cour de cassation, dans un arrêt fortement motivé, a consacré ce système, le 13 avril 1876 (Affaire Roth, *Journal de Droit international privé*, page 180). Cet arrêt est telle-
ment décisif que nous le reproduisons textuellement :

« 1. — L'existence entre deux États d'un traité d'extradition

» spécifiant certains crimes *ne fait pas obstacle à ce que l'extradi-*
» *tion soit accordée pour d'autres crimes que ceux qui y sont*
» *spécifiés.*

» 2. — Le droit d'extradition est un droit que le gouverne-
» ment puise dans sa propre souveraineté et non dans les traités
» qu'il a pu conclure avec la puissance à laquelle appartient le
» réfugié.

» 3. — Les conventions de cette sorte obligent sans doute
» les Etats qui les ont consenties à se livrer réciproquement leurs
» nationaux poursuivis pour crimes commis sur leurs territoires
» respectifs dans les cas qu'elles déterminent, *mais elles ne peuvent*
» *faire obstacle à ce que l'extradition soit accordée dans d'autres*
» *cas et pour d'autres crimes que ceux qui sont spécifiés.*

» 4. — Ces actes de haute administration, généralement moti-
» vés sur des nécessités ou même de simples convenances inter-
» nationales, échappent à toute appréciation et à tout contrôle de
» l'autorité judiciaire, qui n'a pas à s'enquérir des motifs qui ont
» déterminé l'extradition.

» 5. — L'extradé livré, soit en vertu de ces mêmes traités,
» soit spontanément, en vertu d'un acte du gouvernement sur le
» territoire duquel il s'était réfugié, n'a aucun titre pour réclame
» contre son extradition. Sa fuite pour se soustraire à la justice
» de son pays ne lui crée aucun droit; l'Etat étranger auquel il
» demande asile est toujours maître de le lui refuser.

» 6. — Si les lois relatives à l'organisation des pouvoirs
» publics en France exigent que les traités d'extradition soient
» pour leur ratification approuvés par le pouvoir législatif, elles
» ne portent cependant aucune atteinte à ces principes; elles ne
» restreignent en rien ce droit de souveraineté qui appartient à
» chaque Etat d'expulser de son territoire le malfaiteur qui s'y
» est réfugié, et de le faire reconduire à la frontière du pays
» dont il est originaire. »

Cet arrêt n'est que la consécration du principe nettement posé
dans la circulaire du ministre de la justice du 5 avril 1841, où
l'on trouve ce passage :

« Les traités contiennent la liste des crimes pour lesquels

l'extradition est accordée; mais il ne faut pas s'arrêter à cette nomenclature. »

On doit citer aussi, en cette matière, l'affaire Chardon, dans laquelle la Cour de cassation (1) a adopté le même système.

« L'extradition étant de la part du Gouvernement qui la consent, l'exercice d'un droit qu'il puise dans sa propre souveraineté, peut toujours être accordée pour des cas autres que ceux spécifiés dans les traités en vertu desquels elle est réclamée. »

En conséquence, on doit conclure que toutes les autorités compétentes en cette matière — le ministre de la justice, les auteurs, et une jurisprudence constante — reconnaissent que l'énumération insérée dans un traité n'est pas limitative.

Ce principe trouve d'autant plus son application à cette espèce que les Etats-Unis ne refusent pas l'extradition même en l'absence de tout traité.

En 1864, ce gouvernement a livré à l'Espagne un nommé Arguelles, officier dans l'armée espagnole, accusé d'avoir vendu comme esclaves 141 nègres provenant d'une cargaison d'Africains débarqués clandestinement et saisis par lui. Or, à ce moment, il n'existait pas de traité entre l'Espagne et les États-Unis.

En 1875, Judge Blatchford a adopté ce principe comme base du raisonnement d'après lequel il a décidé que l'extradition devait être accordée pour un crime commis antérieurement au traité. (*Journal du Droit international privé*, 1875, page 225.)

Plus tard, en 1876, les États-Unis ont réclamé l'application de ce principe en leur faveur en demandant à l'Espagne l'extradition de *Tweed*.

Le principe général énoncé par M. Billot, que l'énumération insérée dans un traité n'est pas limitative, et les traditions des États-Unis, qui consentent à livrer le criminel fugitif même au pays requérant avec lequel il n'existe aucun traité, ce principe et ces traditions tendent à nous assurer une décision favorable, même dans le cas où on ne ferait pas rentrer l'infraction en cause parmi celles qui donnent lieu à l'extradition d'après les traités actuels.

---

(1) 4 mars 1865.

Mais cet argument préliminaire peut bien être considéré comme superflu puisque l'étude de l'espèce démontrera qu'elle rentre parfaitement dans l'esprit de la convention du 8 février 1858.

C. — *Rapprochement du texte des traités avec les Codes pénaux de la France et de New-York.*

Nous commencerons en rapprochant le texte du traité de celui du Code pénal français.

Il est clair que, dans l'espèce, l'infraction visée par le traité : l'abus de confiance qualifié crime, est visée par le second paragraphe de l'article 408 du Code pénal :

Code pénal. — « Si l'abus de confiance prévu et puni par le » précédent paragraphe a été commis par un *officier public ou* » *ministériel* ou par un domestique, homme de service à gages, » élève, clerc, commis, ouvrier, compagnon ou apprenti, au pré- » judice de son maître, la peine sera celle de la réclusion. »

La question nettement posée est celle-ci :

Le délit en question est-il un abus de confiance simple ou un abus de confiance qualifié crime ?

Le paragraphe 2 ne se trouvait pas dans le Code pénal à l'époque de sa promulgation. Ce n'est qu'en 1832 qu'il a été ajouté à l'article 408 dans le but de consacrer par un texte exprès la jurisprudence de la Cour de cassation, qui assimilait l'abus de confiance commis par un homme à gages au vol domestique.

Plus tard, en 1863, l'opinion publique s'est émue de voir les notaires et les agents de change qui avaient abusé de la confiance de leurs clients, punis d'une simple peine correctionnelle. On a donc qualifié crime tout détournement par un officier ministériel. Le rapporteur a motivé cet amendement comme suit. — Dalloz 1863, page 94 :

« Ainsi, qu'un agent de change, qu'un notaire, qu'un avoué, » dans les mains duquel les parties ont déposé les sommes destinées » à payer un prix de vente, un achat de fonds publics ou des » droits d'enregistrement, abuse de ce dépôt et emporte ou s'ap- » proprie les valeurs qui lui ont été confiées, nous n'avons pas

» cru nous montrer trop sévère en voyant un véritable crime dans
» ce détournement et nous l'avons puni de réclusion. »

A New-York, l'officier ministériel n'existe pas. Les fonctions
s'y trouvent, mais non la qualité. On peut dire, en thèse générale,
qu'en Amérique le gouvernement s'immiscie beaucoup moins dans
la vie privée qu'en France. C'ést peut-être à tort que le public ne
possède pas en Amérique les garanties dont il jouit en France
comme résultat de la surveillance d'un gouvernement paternel.
Mais en fait, les fonctions d'officier ministériel sont laissées au
choix de l'individu.

Les *notaires* sont pour la plupart les employés d'avocats trop
occupés pour se charger eux-mêmes de la passation d'actes. Ils
ne présentent en conséquence aucune surface ; ils sont nommés par
le gouverneur de l'Etat sur simple requête appuyée par un cretificat
d'honorabilité signé par un avocat ami.

Les *agents de change* ne jouissent d'aucun monopole ; ils n'ont
à déposer aucun cautionnement. Un carnet et un crayon consti-
tuent tout le capital d'une grande partie des boursiers américains.

Le ministère d'*avoué* n'est pas obligatoire.

Les *huissiers* peuvent être nommés à l'occasion par un fonction-
naire public et n'offrent aucune garantie pour la bonne exécution
de leur mandat.

En Amérique, on peut dire que l'investiture administrative
n'est pour rien dans la vie privée : l'initiative de l'individu la
remplace presque entièrement. Ainsi, on voit les fonctions de notaire
partagées entre les notaires proprement dits qui ne font que cer-
tifier des signatures à douze sous la pièce, et des personnes haut
placées, qui, par leur situation morale et financière, présentent une
garantie de fait analogue au dépôt exigé en France des agents de
change et des notaires.

On ne peut pas dire que l'absence à New-York d'officiers
ministériels pourrait avoir pour effet de restreindre en quoi que ce
soit le droit des États-Unis de demander l'extradition pour cause
d'abus de confiance. Ce serait mettre les États-Unis dans une
situation d'infériorité injuste. Dans le cas où un notaire français,
coupable d'avoir détourné les biens d'une succession, se réfugierait

à New-York dans le but d'échapper à la loi française, les États-Unis se trouveraient obligés, sur la demande de la France, de le lui livrer; il est évident que dans le cas où un Américain chargé de la liquidation d'une succession cherche à s'abriter en France contre les justes revendications de son gouvernement, la France ne peut opposer à l'Amérique le défaut de qualification officielle de la personne pour refuser l'extradition requise. Le contrat ne recevrait plus son exécution puisque la réciprocité n'existerait plus. En effet, d'après ce système, une infraction commise par un Français donnerait lieu à l'extradition en Amérique, tandis que la même infraction commise par un Américain ne donnerait pas lieu à l'extradition en France. Il n'est pas soutenable que le simple fait que le coupable est dit officier ministériel en France tandis qu'il n'est pas reconnu sous ce nom en Amérique puisse soulever une exception en faveur du fugitif américain. Dans les deux cas, les fonctions sont les mêmes : l'infraction est la même : la personnalité est la même. La différence se résout en une simple différence de mots.

Du reste, la loi de l'État de New-York vise le cas spécial dans le Code pénal.

Art. 541. — « Toute personne exerçant les fonctions d'exécuteur,
» administrateur, conseil judiciaire, tuteur, syndic, admistrateur pro-
» visoire ou fidéicommis quelconques, nommée par cession, testament
» ou autre acte ou par le jugement d'un tribunal ou juge, qui,
» dans la qualité dont elle a été investie par ses fonctions, son
» emploi ou son mandat, recèle, retient ou autrement détourne à son
» propre usage ou à l'usage d'autre personne que celle de droit des
» fonds, biens, réclamations, titres, reconnaissances ou autres valeurs
» ou leurs fruits sera coupable de « *grand* » ou « *petty larceny* »
» selon la valeur de ces biens, et pourra être condamnée en plus
» à payer une amende dont le maximum sera la valeur des biens
» détournés ou volés avec intérêts à vingt pour cent du montant
» du détournement ou recel et à la réclusion pour un délai maxi-
» mum de cinq ans en plus du terme d'emprisonnement pour
« *larceny* » sus-désigné, à moins que l'amende ne soit plus tôt
» payée. »

Nous avons traduit les mots « *States prison* » par *réclusion* » ; cette traduction est justifiée par les textes suivants :

Art. 4. — « Les infractions à la loi pénale sont classifiées ainsi :

1 — *Felony* — Crime.

2 — *Misdemeanour* — Délit.

Art. 5. — « Un « *felony* « est une infraction qui est punis-
» sable, par 1° la mort ou 2° le « *States Prison* — prison d'État.

Art. 6. — « Toute autre infraction est un *Misdemeanour* —
» délit. »

Il résulte de ces textes que l'article 541 du Code pénal de
New-York qualifie crime le délit de détournement quand ce délit
est commis par une personne « exerçant les fonctions d'exécuteur. »

En conséquence, l'article 541 correspond exactement au second
paragraphe de l'article 408 du Code pénal et tout particulièrement
à la partie de ce paragraphe qui y a été introduite par la loi de
1863, c'est-à-dire la qualification de crime pour tout abus de confiance dont serait coupable un officier ministériel, ou, d'après la
législation de New-York, « une personne exerçant les fonctions
» d'exécuteur testamentaire. »

RÉSUMÉ

I. — *Règles d'interprétation*

1. — Un traité d'extradition doit être interprété de façon à réaliser les intentions des deux parties contractantes.

2. — Les différences de mœurs, de lois ou de nomenclature ne peuvent mettre l'une des deux parties contractantes dans une situation d'infériorité vis-à-vis de l'autre.

3. — L'interprétation du traité doit être d'autant plus favorable au pays requérant qu'en l'absence de tout traité, l'extradition peut être accordée par un acte d'autorité souveraine. Un pareil acte est même un devoir imposé par le *comitas gentium*.

Les Etats-Unis n'ont pas hésité à reconnaître ce principe en livrant Arquelles au gouvernement espagnol bien qu'il n'existât aucun traité entre les deux pays.

Aussi le gouvernement des Etats-Unis compte sur ses anciennes traditions en matière d'extradition, sur les relations amicales qui existent actuellement entre la France et lui pour obtenir d'elle une interprétation équitable et bienveillante.

En conséquence, si les législations des deux pays jetaient par leur dissemblance quelque doute sur la question de savoir si, oui ou non, l'abus de confiance en question rentre dans les termes du traité de 1858, le bénéfice du doute doit être accordé au requérant.

II. — *L'infraction rentre-t-elle dans les termes du traité ?*

1. — Edmund Yard ayant « exercé les onctions d'exécuteur » se trouve compris dans les termes de l'article 541 du Code pénal de New-York.

2. — Cet article qualifie de crime l'abus de confiance dont serait coupable un exécuteur testamentaire.

3. — Il correspond au second paragraphe de l'article 408 du Code pénal français qui qualifie crime l'abus de confiance dont serait coupable un officier ministériel.

4. — Un exécuteur chargé par l'Etat de New-York de l'administration de la liquidation et du partage de la succession, est assimilé à raison de ces fonctions au notaire français.

5 — En conséquence, d'après les lois des deux pays, Edmund Yard est coupable d'abus de confiance qualifié crime qui rentre dans les termes du traité d'extradition de 1858.

Par ces considérations l'extradition de Yard devra être accordée.

EDMOND KELLY
Avocat au barreau de New-York
Licencié en droit.

13, rue Auber, Paris.

Paris, ce 24 Décembre 1884

Le Soussigné Secrétaire de la Légation des États Unis certifie que l'auteur du présent mémoire qui est l'un des conseils de cette Légation est dûment qualifié pour émettre une opinion sur les questions qui y sont traitées et que les points de droit américain qu'il vise sont correctement exposés

(Signé) Henry Vignaud

Paris. — Imp. Dubuisson et Cⁱᵉ, rue Coq-Héron, 5.

www.ingramcontent.com/pod-product-compliance
Ingram Content Group UK Ltd.
Pitfield, Milton Keynes, MK11 3LW, UK
UKHW021051120726
13693UKWH00006B/2559